百家姓氏

◎ 主编 金开诚

◎ 编著 李思默

吉林出版集团有限责任公司

吉林文史出版社

图书在版编目（CIP）数据

百家姓氏 / 李思默编著 . —长春：吉林出版集团
有限责任公司，2011.4（2022.1 重印）
ISBN 978-7-5463-5035-6

Ⅰ . ①百… Ⅱ . ①李… Ⅲ . ①姓氏－中国－通俗读物
Ⅳ . ① K810.2-49

中国版本图书馆 CIP 数据核字（2011）第 053453 号

百家姓氏

BAIJIA XINGSHI

主编/ 金开诚 编著/李思默
项目负责/崔博华 责任编辑/崔博华 钟 杉
责任校对/钟 杉 装帧设计/马锦天
出版发行/吉林文史出版社 吉林出版集团有限责任公司
地址/长春市人民大街4646号 邮编/130021
电话/0431－86037503 传真/0431－86037589
印刷 / 三河市金兆印刷装订有限公司
版次/2011 年 4 月第 1 版 2022 年 1 月第 5 次印刷
开本/640mm×920mm 1/16
印张/9 字数/30千
书号/ISBN 978-7-5463-5035-6
定价/34.80元

前　言

　　文化是一种社会现象，是人类物质文明和精神文明有机融合的产物；同时又是一种历史现象，是社会的历史沉积。当今世界，随着经济全球化进程的加快，人们也越来越重视本民族的文化。我们只有加强对本民族文化的继承和创新，才能更好地弘扬民族精神，增强民族凝聚力。历史经验告诉我们，任何一个民族要想屹立于世界民族之林，必须具有自尊、自信、自强的民族意识。文化是维系一个民族生存和发展的强大动力。一个民族的存在依赖文化，文化的解体就是一个民族的消亡。

　　随着我国综合国力的日益强大，广大民众对重塑民族自尊心和自豪感的愿望日益迫切。作为民族大家庭中的一员，将源远流长、博大精深的中国文化继承并传播给广大群众，特别是青年一代，是我们出版人义不容辞的责任。

　　本套丛书是由吉林文史出版社和吉林出版集团有限责任公司组织国内知名专家学者编写的一套旨在传播中华五千年优秀传统文化，提高全民文化修养的大型知识读本。该书在深入挖掘和整理中华优秀传统文化成果的同时，结合社会发展，注入了时代精神。书中优美生动的文字、简明通俗的语言、图文并茂的形式，把中国文化中的物态文化、制度文化、行为文化、精神文化等知识要点全面展示给读者。点点滴滴的文化知识仿佛颗颗繁星，组成了灿烂辉煌的中国文化的天穹。

　　希望本书能为弘扬中华五千年优秀传统文化、增强各民族团结、构建社会主义和谐社会尽一份绵薄之力，也坚信我们的中华民族一定能够早日实现伟大复兴！

目录

一、中华姓氏的起源

中华文化是世界上最古老的文化之一，世界四大文明古国中的其他三个——埃及、印度、巴比伦由于种种原因，其文化在历史演进中或中断或衰弱。而中华文明是世界上唯一一个延绵不绝的古老文化。《周易》中说："观乎天文，以察时变；观乎人文，以化成天下。""文化"一词最早可以从这句话里找到，这充分说明我们的祖先一向很重视文化。而

中华姓氏作为中华文化的一部分也值得我们关注。

中华姓氏从上古延续至当代。五千年的中华文明史就是不同姓氏的宗族在中华大地上繁衍、交融的历史。中华姓氏是中华民族的血缘纽带、文化纽带和精神纽带，是传承文明、解读历史的独特视角和窗口。

中国姓氏经历了几千年的风雨沧桑，但它仍然具有世代相承的延续性和与时俱进的生命力。它仍然是现实生活中人人必备的重要标记。

凡此种种足以说明姓氏不仅是社会和历史发展的产物、人类文明的积淀，也是我们认知历史、传承文明的文化瑰宝。因此普及姓氏知识是我们认知历史、传承

文明的重要内容。

（一）姓的由来

中华民族的姓氏史源远流长，其中的故事、情节令人叹为观止。而人类刚出现时，并没有姓氏和名字。

"姓氏"是"姓"与"氏"的合称，都有族号、宗号的意思。在先秦以前，二者是不同的概念。姓的出现早于氏。

先来看看姓。据考证，"姓"在甲骨文中写成"生"，在金文中写成"人"加"生"，后来才渐渐写作"姓"。正像《国语·周语》里说："姓者，生也。"也就是说，"姓"是表达人的出生来源的意

思。

姓的来源主要有两种说法，第一种是由始祖赐姓，第二种是由图腾感生演化。

第一种是神话传说。在远古神话中，天地初开的时候，世界上只有伏羲和女娲兄妹两个人生活在昆仑山上，为了使人类繁衍，他们只能结为夫妻。但是他们觉得这样是不道德的，有点羞愧，就通过占卜

来看天的意思。他们在两个山头各自烧起火堆，并对上天祈祷："如果上天同意让我们兄妹成婚，就让两股烟融合。如果反对我们结为夫妻，就让这烟消散。"说完，两股烟合为一体，冲上云霄。伏羲、女娲二人还是犹豫不决，不知

该不该结婚。于是二人又约定，各自从山头滚下一扇磨盘，要是石磨相合，就结为夫妻。非常凑巧，从山上滚下来的两扇磨盘居然真的合在一起，天衣无缝。于是伏羲、女娲认为他们二人的结合是上天安排的，所以他们就结为夫妻，生下了后代。他们根据后代的情况赐给他们不同的姓，而且规定同一个姓的男女不能结为夫妻。

这样的传说很普遍，在瑶族、壮族、苗族、彝族、黎族、侗族、布依族等少数民族中都有类似的传说，比如在瑶族传说中伏羲、女娲也是兄妹，他们成婚后，女娲生下一个肉

团，他们把肉团砍碎撒向大地，落到平地的成为汉族，落到森林山沟的就成为瑶山五族。

还有一个普遍流传的女娲造人传说。传说女娲炼五色石补天，后来觉得自己一个人太寂寞，就用黄泥造人，一吹仙气，人就活了。但一个一个地捏太费劲，于是她用草绳蘸着泥浆用力向四周甩出，这些泥浆也变成了人。溅到叶子上的姓叶，溅到花朵上的姓花，溅到河里的姓何……

后世人对这些传说很认同，把伏羲和女娲尊为创世始祖。伏羲、女娲都是神话传说中的人物，并不可信。但透过这些传说，可以看到历史事实中一些合理的部分。伏羲和女娲兄妹成婚，可以看到在原始社会一个部落内血亲乱婚的情况，并透露出中华姓氏的起源的一些信息。

姓的起源的第二种说法是图腾感生演化，这是指古代姓氏是由各个部族的图腾演化来的。原始社会的生产力和生产水平低下，视野狭隘，人类不了解大自然，就认为自然界任何事物都是有灵魂的。他们觉得自己的部落与某些自然现象、生物、非生物有着某种神秘的联系。所以某个物象就成了自己部落特定的标志和族徽，是自己部落的崇拜物，这就叫做图腾。而且在部落间逐渐扩大的生产和交往中，出于区分自己部落和别的部落的目的，形成了族名，最初的族名也往往与部落的图腾有关。后来，族名逐渐演化为该氏族的姓。

中国有很多图腾产生的传说。比如夏朝开国者大禹的母亲梦见流星落地，变成神珠薏苡，于是她受感而孕，生下大禹，所以夏人以薏苡为图腾，以姒为姓（姒是由苡字演化而来）；商朝的契的

母亲简狄吞食了玄鸟的卵而生了契,所以商族的人以鸟为图腾,以子为姓(子就是卵);周人的始祖是踩了巨人的脚印(熊的脚印)而生后稷,所以周人以熊为图腾,以姬为姓("巨"是熊的脚印的形状,"巨"字加上"女"字旁就与"姬"字形近)等等。

还有凤姓起源于凤鸟图腾;姜姓起源于羊图腾;扈姓起源于扈鸟图腾等等。

在中国现在的姓氏中也保留了
一些原始图腾的印记，比如马、
牛、羊、猪、鸟、梅、李、桃、花、
叶、林、河、山、水、云、沙、石、
毛、皮、龙、蛇等等。

　　总之，中华古姓源于图腾，
是历史发展到一定阶段的产
物。由图腾转化为族号，标志着
姓氏的萌芽和产生。

　　这些与图腾有关的古姓大都起源于
母系社会，一个部落是由一位为女性始
祖及其繁衍的女性后代组成的。最早"出
嫁"到一个部落的人，不是女子，而是男
子。所以中华古姓多是从女姓，"姓"字
本来是由"女"和"生"两个字组成，有强
调女性的生育能力的意思。所以流传到
现在的中华古姓有很多带有"女"字旁。
比如通常说的上古八姓和上古十二姓便
是例子。

　　姓的作用是可以区分部落，不同的

部落有不同的族名——姓。姓是同一个部落人的标志，它起着区别血缘的作用。古代人认识到"男女同姓，其生不蕃"的道理，意思是同一血统的人互相婚配，不利于后代。班固《白虎通义》中有"同姓不得娶，皆为重人伦也"这个作用，是中华姓氏史上的一大发展。

（二）氏的出现

氏是姓的分支，它的出现晚于姓，于父系社会时期出现。

随着以血缘关系为纽带的同一部落的繁衍生息，人口越来越多，对土地的要求越来越大，已经不能像早期小部落那样聚族而居了。所以不得不分出一些人口，给他们一些生产工具和生活资料，让他们自立门户，开垦新的土地和疆域。他们另有新的族号，形成一个新的族系单位，但是他们仍然与原有的氏族维持联系。这样的分支被称为氏。

姓表示氏族的起源、出处，氏表示后起的、小支的族号。为什么把分出去的支系称为"氏"呢？历史学家认为，甲骨文中"氏"与"示"同形，示的解释是"木本"，也就是植物的根，所以"示"指代人的根本来源。同时"示"指的是供奉在祖庙里的神主牌位。所以说"示"既象征神又象征祖先，一个"氏"的人供奉相同的神灵和祖先。一个氏的人又可以称为一宗，"宗"从字形上看，指的在一个屋檐下供奉同样的祖先的人。

可以看出，"氏"是从大的部落组织中分离出来的新的群体，它是姓的分支。

远古社会的中国人既有姓，又有氏，姓表明他们的血缘关系，氏表明他身处哪个团体中。那时候家里孩子多，于是确立了嫡长子继承的制度。嫡长子是正妻生的第一个儿子，他具有合法的继承权，父亲死后，他继承父亲的大部分财产并留守在老宅里，仍然保留原来的姓。其他的儿子就被分到别的地方去另立门户，这些儿子成为新的氏族。这些氏族往往根据父辈祖辈的名字、官位和自己居住地等定下自己的氏名，也有根据创立这个氏的人的名字、封号、官位等确立自己氏名的。

随着人口的不断增多，新分出去的氏也就越来越多。一个氏人口繁衍，又分出许多新的氏。这些氏

层层叠叠，一起存在于世上。由于古代的文字少，有些不同姓的氏族会有相同的氏名，但这些不同姓但同名的氏族是可以相互通婚的。

先秦时期，一个新氏的产生总是跟一定的土地数量、人口数量有关，只有占统治地位的家族、有战功或对社会有贡献的人才有机会得到土地，建立新的氏族。所以氏不仅是部落的称号，也是社会地位尊卑、贵贱的标志。所以有氏的人是社会上地位高的贵族，比如炎帝神农氏、黄帝轩辕氏、太昊伏羲氏、少昊金天氏等，称他们的氏号，是对他们的尊敬。

后来随着时代的发展，出现了一些专门的社会分工，比如冶铁、打鱼、制作工具、看守仓库、天文历法等。这些行业

需要一定的专业知识，从事这些具有一
定技术含量工作的人的技艺是世代相传
的。人们用他们所从事的职业来称呼他
们，比如把冶铁的称为冶氏；把做陶器的
称为陶氏；把看林子的称为林氏；把做弓
箭的称为张氏。这一现象表明氏这一称
呼不再是地位、财富的象征。

总之，氏的产生是我国姓氏制度中
的一个特殊现象。在最初氏和姓有完全
不同的内涵。姓代表了人的血缘关系，用

来辨别人们是否可以结婚；氏用来表示人们的社会地位，与人所占有的财产、政治权力等现实因素有关，用来区别贵贱。姓是不能改变的，是生来就具有的，氏却会随着现实的变化而变化。一个氏会分出新的氏，新的氏又会分出新的氏，氏族越来越多，所以先秦时期中国的疆域随着氏族的增加而不断地扩大、发展起来。

（三）姓氏合一

秦始皇统一全国，建立了大一统的封建王朝，确立了车同轨、书同文的制度，还统一了度量衡，实行了郡县制等。但秦朝存在的时间太短，还没来得及对中华姓氏作出贡献就被陈胜吴广的起义给推翻了。经过楚汉之争，刘邦称帝，建立了汉朝。

秦朝统一全国打破了贵族的分封格局。直到汉朝的建立，社会发生了翻天覆地的变化。这也改变了原来姓氏的格局，姓氏的状况也发生了巨大的变化。

最显著的变化就是姓氏合一，"姓氏"变成了一个词。

远古社会中国就产生了姓，但在奴隶社会中，只有贵族才有姓，奴隶是没有资格有姓的。后来氏出现了，但只有社会的上层人士才有氏。普通大众是没有氏的，比如《孟子》里提到的奕秋，就是一个叫秋的善于下棋的人，他没有自己的姓氏。"庖丁解牛"里的庖丁就是一个叫丁的厨师。

秦汉以来，表明社会地位、区分贵贱的分封制荡然无存，氏表明贵贱的功能也就消失了。"姓""氏"都成为表明血缘的标记，所以"姓氏"逐渐合为一个词。姓氏合一是中国姓氏发展史上的重大演变。秦汉以来，姓氏不别，这样的结果使原来的氏融入姓中，扩大了姓的数量。还有姓氏不再是贵族的专利，社会对姓氏的看法宽泛起来，普通民众的姓氏得到官方的认可。

到西汉时，民众无论贵贱，基本上都已经有姓氏了。从此以后，姓氏不再有区分，不论是王孙贵族还是平民大众，人人都拥有姓氏。每个宗族都有世代相传的固定的姓氏，子孙持续使用，百代不变。这样形成了稳定的姓氏系统，有利于中国人追祖寻根的观念，也有利于以姓氏为中心的封建宗法统治秩序。

二、中华姓氏的类别、特色

(一) 姓氏的类别

中国姓氏繁多，从古到今中国人有多少姓氏、现存多少姓氏，这些问题历代说法不一。明代学者顾炎武《日知录》记载上古时期大概有五十个姓。汉代《急就篇》收一百三十个姓，明末清初《古今万姓通谱》有万家姓之称，可见我国古代姓氏之多。

汉代人根据姓氏的来源把姓氏分为九大类：

1．氏于号。这是以祖先的族号为姓氏，比如唐、虞、夏、殷。

2．氏于爵。这是以赏赐的爵位为姓氏，比如王、公、侯、伯。

3．氏于居。这是以居住的地方为姓氏，比如城、郭、园、池。

4．氏于谥。这是以祖先的谥号为姓氏，比如文、武、庄、穆。

5．氏于官。这是以担任的官衔为姓氏，比如司马、司空、司徒。

6．氏于国。这是以分封的国名为姓氏，比如齐、鲁、宋、卫。

7．氏于事。这是以特殊事件、典故为姓氏，比如车、窦、白马、青年。

8.氏于序。这是以兄弟亲属的排列顺序,如伯、仲、叔、季。

9.氏于职。这是以职务的称号为姓氏,比如三乌(大夫)、五鹿(大夫)。

以上分类还是过于简单,由于中国姓氏繁多,可以将这些姓氏分为以下这些类型:

1.以祖先的图腾崇拜物为姓氏

上古时期,每个氏族都有自己崇拜的图腾,这些图腾有的转化为姓氏。比如夏朝的祖先吞下神珠薏苡生下大禹。所以夏人以薏苡为图腾,以"苡"的转化字"姒"为姓氏。周

朝的祖先踩到了熊的足迹而生的后稷，所以周人以熊为图腾，以"姬"为姓。有的部落以鸟为图腾，所以会有鸟氏、凤氏等等。

2．以国名为姓氏

以国为氏有四种情况。一是以受封的国名为氏。以唐这个姓氏为例，尧帝最初的封地是唐，周代又封他的子孙为唐侯，所以尧的子孙以唐为姓氏。又比如说商这个姓氏，是舜帝封契为司徒这个官职，给他的封地是商，所以契的子孙是以商为自己的姓氏。还有齐、鲁、卫、晋、管、蔡、霍、曹、陈、楚、郑、吴、韩、魏、许、吕等都是以国名为姓氏。

第二种情况是少数民族

归顺中原后以原来的国名为姓氏。比如汉代滇国归顺汉朝后，即被称为滇氏。

第三种情况是外来国家的人到中国来定居，就以他们的国名为姓氏。汉代安息国王子来中国游历并定居下来，后被称为安氏。天竺人来华定居，他们被称为竺氏。

第四种情况是汉代以后有受封郡国的诸侯王，就以受封郡国爵位为氏。

3. 以封邑为姓氏

分封的诸侯国可以把自己土地的一部分封给诸侯国内的一些贵族和有功的人，这些人所分的土地叫做封邑。有的姓氏是这样得来的，比如温、苏、杨、甘、樊、祭、尹、贾、栾、郦、邴等。还有封于乡的，他们的后代

就以乡的名称为姓氏，比如裴、陆、庞、阎等。

4. 以地为姓氏

所生之地为氏或以所居之地为氏。比如后稷生于姜水，所以他以姜为他的姓氏。虞舜住在姚墟，所以把姚作为他的姓氏。还有东郭、南郭、东门、西门这些姓氏要么是他们的出生地要么是他们住的地方。

有的还以自己所住地方的名山大川为姓氏。比如贺兰山附近的鲜卑人被称为贺兰氏；住在欧余山阳面的有一族称为欧阳氏；住在巴水附近的有一族称为巴氏。

5. 以祖先名字中的字为姓氏

上古时期人的姓名是这样组成的，先是姓，其次是字，后面是名。有的氏族

的后人就用先人的名字中的字作为氏。

比如春秋时，周灵王有个儿子叫"王子年夫"。"王子"应该是表明其身份的，"年夫"应是其名。年夫的后人以其名中的"年"字为姓氏。西周宋征子之后有任司寇的牛文。牛文的后人以其中的字"牛"为姓氏。春秋时，宋襄公的弟弟为"司马子鱼"（司马是官职，子鱼为其字）。其后人以其中的"鱼"为姓氏。上古时，黄帝曾以"常先"为相。常先的后人以其字"常"为姓氏。"乐"姓出于子姓。宋戴公的儿子公子衍字乐父，其后人以祖上

"乐父"中的"乐"字为姓氏。

6. 以官职为姓氏

以官职为姓氏的，多用官职的名称或职能来命名。比如很著名的三个姓氏"司徒、司马、司空"就是官职的名称，三者都是上古时代的官名。司徒，管理政事，相当于宰相。传说尧、舜时已设，一直延续到秦汉。有以此官职为姓的，便是

复姓"司徒"。司马为军事长官。曾经做过司马的人的后代，有的就以此官为姓氏。司空，据说专管天下水利工程建设。帝尧时大禹的官职就

是司空。大禹的子孙中就有人以此为姓氏。

尧时掌管刑狱的大理职务（司法官），称为"理氏"，后躲避灾难，才改为"李氏"。周代宫廷里管理储藏的冰官员称为"凌人"，后代称为凌氏。

7. 以爵号为姓氏

以爵号为姓氏的宗族多是王孙贵族的后代，比如皇、王、公、侯、公孙、公士、庶长这些姓氏都是用祖先所封的爵号为姓氏。

8. 以部落的名称为姓氏

东晋时，匈奴进入中原。后来，其汉

化后裔以原部落名称再加以"汉化"的"呼延"为姓氏。三国时，鲜卑族首领莫护跋率族人迁居辽西，后在棘城以北（河北昌黎县境内）建国，莫护跋以"慕容"为自己部落命名。后慕容部落的人便以慕容为姓氏。鲜卑族呼天为"宇"，宇文为"天之子"之意。宇文氏为鲜卑部落。东晋时，宇文部落进据中原便以宇文为姓氏。尉迟部也是鲜卑族的一个部落，尉迟部的人后来以部落名为姓氏。

9. 以谥号为姓氏

"谥"为帝王、贵族、名臣等死后，依其生前事迹所给予的称号，均为褒扬之词，后代子孙以此为荣，会以先人的谥号为姓氏。春秋时有宋穆公，其后子孙中有以其谥号"穆"为姓氏。还有庄氏为庄王之后；康氏为康叔之后；武氏为宋武公之后；桓氏为齐桓公之后等等。

10. 以序为姓氏

一是以祖先的排行顺序为姓氏。古代兄弟之间按年龄大小排有伯、仲、叔、季来表示各人的长幼。老大为伯（又称孟）、老二为仲、老三为叔、老四为季。他们的后人沿袭下来，形成了伯、孟、叔、季等姓氏。

二是以表示先后次序的词为序。比如"第一、第二、第三"这些姓氏。战国时期齐国田氏的分支较多，汉朝初年他们迁徙的时候，为了便于区分这些分支，便称为第一氏、第二氏……直到第八氏。

三是以表示时间先后顺序的词为序。比如十天干：甲、乙、丙、丁、戊、己、庚、辛、壬、癸及十二地支：子、丑、寅、卯、辰、巳、午、未、申、酉、戌、亥，这些原是专有名词，后变为姓氏。

11. 以技艺为姓氏

古代很多技艺世代相传，在世代沿袭中，这些技艺逐渐演化为姓氏。比如制陶的成为陶氏；屠宰业的成为屠氏；占卜的巫师成为巫氏。还有工氏、农氏、药氏等。

12. 以事为姓氏

以事为姓氏一般是为了纪念某些事情。比如以窦姓为例，夏代有一个皇帝少康的母亲为了躲避追杀，怀着身孕从墙洞里逃出来，后来生了少康。少康做了皇帝以后就让自己的小儿子改为窦姓，"窦"就是洞的意思。还有汉武帝时，丞相田千秋因为年老体弱，每次入朝都要坐车，当时人称他为"车丞相"，他的后代也就把车作为自己的姓氏。

13. 以物为姓氏

古代有些人用物品当作自己的姓氏，比如古代符洪家，本来姓符，但因为他家池塘里生了菖蒲，别人称他们为蒲家，所以他家后人就以"蒲"为姓。

14. 以任所为姓氏

这是以封邑为姓氏的一种衍生，担任某地的官员把地名作为姓氏。比如兰氏、权氏、沈氏、鄢氏、匡氏都是祖先当过兰县、权县、沈县、鄢县、匡县的县官而得姓。

15. 因避祸、避仇、避讳、避嫌所改的姓氏

改姓多是为了避祸、避仇、避讳、避嫌。比如桂姓出于炅氏。汉代炅横有四个儿子。家中有难，四子逃避，其中一子避居到幽州，改姓为桂。还有春秋时，陈厉公子陈完避祸外逃，不愿意以国名为氏，

改姓为田。明代燕王朱棣以讨黄子澄等为名起兵，推翻建文帝。黄子澄的后人因避祸而改姓田。

16. 帝王赐姓氏

西汉以后，历代皇帝都会给功臣名将或归顺的少数民族首领赐姓。这是一种政治荣誉，表示被赐者所受到的恩宠。比如刘邦建立汉朝，刘姓成为中国的大姓。汉高祖因项伯有昔日相助之功，便赐项伯姓为刘。汉武帝时，匈奴休盾王之子归顺汉朝，汉武帝赐其姓金，取名金日磾。明代太监马三宝有功，被永乐帝赐姓为郑，马三宝因此改姓换名为"郑和"。

还有一种惩罚性的赐姓，就是把犯有罪的臣下改为"恶"姓。比如东晋时司马宗造反，被平定

后，朝廷将他的姓氏改为马。唐朝武则天当政以后，将她痛恨的王皇后和萧淑妃，一个改姓"蟒"，一个改姓"枭"。

（二）姓氏特色

中国姓氏经历数万年的演化和发展，有一些很有意思的姓氏，分门别类，让人回味无穷。

1.代表数字的姓氏有：

一、二、三、四、五、六、七、八、九、十、壹、贰、叁、肆、伍、陆、柒、捌、玖、拾、零、百、千、万等。

2.表示时令、气象的姓氏有：

春、夏、秋、冬、阴、阳、日、月、年、岁、季、时、分、秒、风、云、雷、电、雪、冰等。

3.表示方向、方位的姓氏有：

东、南、西、北、上、下、左、右、前、后、高、低、东方、西门、北宫、南郭等。

4.表示各个朝代的姓氏有：

夏、商、周、秦、汉、魏、蜀、吴、晋、梁、齐、陈、隋、唐、宋、元、明、金、清等。

5.表示中国各地地名简称的姓氏有：

京、津、沪、冀、鲁、豫、苏、皖、晋、桂、湘、鄂、闽、川、浙、甘、宁、陕、吉、辽、黑、台等。

6.表示民族称谓的姓氏有：

汉、满、蒙、回、藏、苗、彝、侗、瑶、白、黎、土、羌、怒、壮等。

7.表示各行业的姓氏有：

工、农、商、学、兵、艺、师、陶、铁、医、干、战、药、屠等。

8.表示天干地支的姓氏有：

甲、乙、丙、丁、戊、己、庚、辛、壬、癸、子、丑、寅、卯、辰、巳、午、未、申、酉、戌、亥。

9.表示五行、五常的姓氏有：

金、木、水、火、土、仁、义、礼、智、信等。

10.表示颜色的姓氏有：

赤、橙、黄、绿、青、蓝、紫、黑、白、灰、乌、丹、朱等。

11.表示五音、五金的姓氏有：

宫、商、角、徵、羽、金、银、铜、铁、铝等。

12.表示六畜、四兽的姓氏有：

牛、马、猪、羊、狗、鸡、龙、凤、鹤、

麟等。

13.表示五岳、江河的姓氏有：

泰、华、恒、衡、嵩、江、河、湖、海等。

14.表示五谷、百果的姓氏有：

麻、黍、稷、麦、豆、桃、李、杏、梨、果等。

15.表示"岁寒三友"及花草四君子的姓氏有：

松、竹、梅、兰、菊等。

16.表示人伦、亲属的姓氏有：

祖、宗、父、子、公、孙、叔、伯、老、娘、姑、姐等。

17.表示人体部位的姓氏有：

头、骨、耳、目、口、舌、齿、胆、足、皮、毛等。

18.表示动物称谓的姓氏有：

熊、狼、虎、蛇、虫、鱼、鸡、鸭、鹅、牛、马、驴、猫、鹿等。

19.表示以官职为姓的有：

王、公、侯、伯、尉、司马、司徒、督、尹、卿、相等。

20.表示因罪受贬或地位卑微的姓氏有：

杀、死、丑、打、骂、不、蟒等。

由于中国姓氏繁杂，各有特色，异彩纷呈，除了上述姓氏外，还有一些姓氏非常生僻，难读难写，甚至字典上都很难找到。

三、中华姓氏的郡望和堂号

（一）名门望族

随着姓氏的逐步发展, 拥有某些姓氏的宗族成为了名门望族。

名门望族是什么意思呢? 这里的"门"指家族, 门阀。"望"指有声望、有名望。名门望族旧指有声望的官僚等显贵的家族。他们是高贵的、地位显要的家庭或有特权的家族。元代《鸳鸯被》第一

折："他是名门望族，现有百万家财。"清代李绿园《歧路灯》第一百零三回："即如家嫂，是名门望族，他本族本家进士一大堆，他偏是异样的难讲。"这些文学作品都提到了名门望族。

名门望族的形成起源于门阀制度。门阀制度是封建等级制中的一种特殊形式。形成于东汉，魏晋南北朝时盛行。

中国古代官宦人家的大门外有两根柱子，左边的称"阀"，右边的叫"阅"，用来张贴功状。后人就把世代为官的人家称为阀阅、门阀世族、士族。汉武帝以后，崇尚儒学，官僚多以经术起家。他们授徒讲学，门生故吏遍天下，形成一种社会力量，其子孙承家学，继续为官。久而久之，到东汉中叶出现了世代为官的大姓豪族。

汉末建安时期，出身寒门的曹操为了改变东汉后期地方豪门把持推荐官员的权力格局，真正从民间选拔优秀人才，创立了"九品中正制"，在各个郡县设立大小中正官，由他们发现和考核人才，并把人才分为九品上报给朝廷。

这个制度的建立本来是为了不拘一格选拔人才，但是魏晋南北朝时，豪门氏族逐渐取得了对朝廷的控制权，中正之职都由他们担当。这样九品中正制就成为了高门大族获取特权的工具。

朝廷专门汇集

了各地的士族名录，作为选官任职时的资料。当时士家大族被称为"大姓""高门""著姓""右姓""士族"等，士族子弟凭借自己姓氏的高贵就可以做到高官，而不是"大姓"的人往往会被排斥在任职升迁之外。

选官专看姓氏重家世，造成"上品无寒门，下品无士族"的状况，士族垄断了政府的重要官职。按门第、品位的高低，分享政治上、经济上种种特权，在这种制度下，家世成为衡量身份的最高标准。只有那些祖上有人做过大官，而且代代相继为大官的宗族，才被归为士族。

士族自认为具有与众不同的身份与地位，甚至不愿与身份

不相称的人同坐交谈。当时有若干起自布衣的寒门，或是并非显赫高门的新士族，纵使凭其卓越才能而获得皇帝赏识，参与机要，或位高权重，但仍要去刻意巴结逢迎世家大族。然而世家大族则因门阀观念的谨严，往往拒之于千里之外。

其次，世家大族认为自己拥有高贵的门第，于是为了保持其世袭特权，尽量避免血缘的混杂，因而在婚姻制度上严守门当户对的原则，绝不轻易与寒族庶姓或门第不相称者谈论婚嫁。为保持在社会上的特殊地位和优越的门第望族身份，婚姻讲究门当户对。如有违犯，则要剔出士流，禁锢终身。

由于世家大族多认为门当户对的联姻方式是天经地义的，也是必须共同遵守的准则，所以即使有意高攀门第，或是自动降格愿与门第较低的士族联姻，也都为世俗观念所不容。东晋时，官拜征西大将军、权倾一时的桓温向王坦之请求让王的女儿嫁给桓温的儿子，竟然遭到了王的婉言谢绝，原因是王的门第高于桓温，而桓温对此只能无可奈何。

门第高的士族不屑与比他们低的士族和庶族交往，盛气凌人，孤芳自赏，成为社会风气。

（二）姓氏的郡望

魏晋时代的门阀制度，促使中国姓氏学产生了一个专门名词——郡望。郡望是中国姓氏文化中特有的范畴。无论是研究中国的姓氏文化，还是寻根问祖，都离不开每个姓氏的郡望。

"郡"是中国古代的一种行政建制、行政区划。郡的设置开始于先秦，盛于汉魏六朝时期，唐朝以后逐渐被废除，宋代以后就彻底不见郡的设置。秦始皇统一天下后实行郡县制，将全国分为三十六个郡，西汉继承秦制，又将全国分为一百零三个郡。

"望"就是"望族"，指有声望的姓氏大族，为世人所仰望的姓氏。

所谓"郡望"，有两层含义。首先，郡

望是一郡的望族。这些宗族世代聚族而居，人才辈出，门第高贵，家世显赫，为当地郡人所敬重和仰望，亦名闻天下，为世人所称颂。一个郡可以有一个或者多个望族。宋代的地理学著作《太平寰宇记》中，也在每郡之下记录该郡的望族大姓。

后来，郡望又有了另一层的含义，就是指一个家族的根源和发源地。一个姓氏或家族的郡望，就是指这个姓氏或家族所发源的某个郡。因此，当郡作为行政区划已经消失的时候，郡望却能一直留在人们的记忆之中，成为各姓各族寻根的依据。

郡望有两个功能，一是社会的功能，

即通过郡望来标明出身，为人们通婚姻、入仕途提供参考；另一个是宗族的功能，即为人们寻祖问根、联宗认亲提供参考。

郡望之称，始于东汉末年，盛于魏晋隋唐时。各姓的郡望，其形成都有一个较长的过程。一般来说，在郡望的兴起阶段，也就是汉魏时期，一个姓氏大都只有很少几个郡望。魏晋南北朝时期，许多姓氏的郡望都有所增加。隋唐时期的郡望有一个显著的特点，那就是在许多新的郡望兴起的同时，一些魏晋六朝时期的旧郡望渐渐被人抛弃不用。宋朝时期，各姓的郡望都迅速减少，其实是各个姓氏都在由许多分散的郡望逐渐统一到某一个著名的郡望上来。因此，宋代以后，中国绝大部分的姓氏都只剩下一个统一的

郡望。此后近千年来，中国各姓的郡望情况就基本都没有变化了。

人们提起历史上的一些显姓大族，往往在其姓氏前面冠以地名，如京兆段氏、博陵崔氏、颍川陈氏、太原王氏、陇西李氏、琅玡王氏等，姓氏前面的地名就是此姓的郡望所在地。郡望不是姓氏，但却与中国古代姓氏文化有着密切的联系。

郡望是显姓世族的标志，它将同一姓氏中的豪门与寒门、世族与庶族区分开来。

我们在论及姓、氏的功能时曾指出，在先秦时代，姓、氏二者有明确的区别，姓用以标血缘，而氏则用以辨贵贱，贵有氏而贱无氏。但随着

秦始皇一统天下，变封建制为郡县制，原来的世袭贵族烟消云散，氏也就不再是贵族的标志了，而与姓一样成了单纯的家族血缘标志。

秦始皇变封建制为郡县制，虽摧毁了传统的封建等级制，但这并不意味着在秦代以后就不再存在等级制度了，而只是意味着旧的等级制度被新的等级制度所代替。于是，新的表示社会等级的符号手段也就应运而生，"郡望"就是在新的历史条件下产生的以标志社会地位、区分贵贱的手段。

秦汉之后，虽然已没有如先秦时代那样的世袭贵族，但在漫长的历史发展过程中，有些家族由于世代居住于某地，人才辈出，或由于战功，而被加官封爵，荫及后世，从而积累了巨大的经济财富

　　和文化威望,于是成为一地的豪门大族。这种家族由于在当地为人所仰慕瞩望,故称为"郡望"。如南北朝时期至隋唐时期,范阳卢氏、清河崔氏、荥阳郑氏、太原王氏,就是当时北方的四大望族。在姓氏面前标以家族居住地,也就是用郡名来表示自己是这个地的望族,"郡望"因此就成了用以区别贵贱的手段。

　　郡望既然是贵贱显著之标志,因此也就成了国家选拔人才任用官吏的依

据。魏晋时代的"九品中正制"就是一种依赖郡望选拔人才的制度，因此，从魏晋直到隋唐，名门望族对自己在国家谱籍中的地位都十分在意，想方设法在其中占据显要位置。北魏时官方为汉姓定谱籍，欲列四个望族于一等，当时"陇西李氏"得到这一消息后，派人快马赶到京

城洛阳，想打通关节进入一等四姓，但还是让山东大姓卢、崔、李、郑占了先，从而未能挤进前四姓。或许是由于对此事一直耿耿于怀，"陇西李氏"的后代李渊创建唐朝后，唐太宗李世民重修氏族志，打压卢、崔等传统士族，而将自家的"陇西

李氏"列为第一。唐太宗李世民虽大开科举以打击旧的望族，但传统望族在政治上的势力仍不可低估，从《新唐书》"宰相世系表"可以发现，唐代宰相多出自望族。

郡望还是名门世族论婚联姻的依据，一般人婚姻讲究门当户对，名门世族的婚姻更是非望族不娶，非望族不嫁。如东晋时的琅琊王氏与陈留谢氏就世代通婚。梁代河南王侯景想娶王、谢二姓的女子为妻，请梁武帝代为说和，梁武帝说：

"王、谢的门第太高，与你不般配，你还是在朱、张以下的诸姓中找一个称意的吧。"可见当时名门望族的壁垒之森严。

唐代人标榜郡望，更多的是炫耀，表明自己的血统高贵，曾经是地方上的高门大族。上流社会的人几乎人人都给自己加一个郡望，有些人的郡望完全是生拉硬扯把历史上本姓氏的高门加在自己头上。比如姓卢必称范阳卢氏，姓王不是太原王氏就是琅玡王氏。

古代著名的十大郡望是：

1. 陇西李氏

陇西李氏，是李姓中最显要的一支。古时陇西亦称陇右，泛指陇山以西今甘肃省东部地区。秦汉时期设置陇西郡，是李姓的郡望之一。秦代陇西郡最早的郡守是李崇，后人尊他为陇西李氏的始祖。李氏成为陇西郡的名门望族是由于李崇祖孙三代人汉朝时，陇西李氏出了两位重要人物：飞将军李广及其从弟李蔡。李广孙李陵战败被俘降于匈奴，使陇西李氏在郡中名望下降。魏晋时期，陇西李氏在乱世中兴起，西凉王李暠是李氏第一

位皇帝。到了隋朝，陇西李氏已经是权倾朝野的望族了。陇西李氏李渊灭隋，建立唐朝，奉李姓为国姓。在唐朝，陇西李氏的声望超过了赵郡李氏。唐太宗修《氏族志》，将李置于诸士族姓氏之首，更将有功之臣赐姓李，从此陇西李氏由一个血缘系统的宗族演变成为一个"多元一体"的庞大世族。后世李氏多自称陇西李氏，有些也是附会。

2．赵郡李氏

赵郡李氏是李姓第二大分支，仅次于陇西李氏，在唐朝以前声望高于陇西李氏。赵郡是李姓的郡望之一。赵郡在今河北赵县，后魏时置郡。此支李氏，其始祖为秦太傅李玑的次子李牧。李玑是陇西李氏始祖李崇的四弟。李牧是战国时有名的武将，为赵国丞相，封武安君，始居赵郡，为赵郡

李氏的始祖。赵郡李氏在北齐官位显赫，支派繁多，在唐朝有十七人出任宰相，是仅次于陇西李氏的大族。

3. 弘农杨氏

汉时之弘农郡治所位于今河南灵宝境内。秦汉初期，杨姓子孙分布以弘农最为集中，影响也最大，至今犹有"天下杨氏出弘农"之说。弘农杨氏人才辈出，其中最著名的莫过于以"四知"而著称的"关西孔子杨伯起"。据《后汉书》所载，杨震，字伯起，弘农华阴人。出生于汉光

武帝建武三十年（54年），为当时之大儒，少时好学，"明经博览，无不穷究"，时人称之为"关西孔子杨伯起"。

他曾隐居于湖州数十年，50岁才开始为官，后多次升迁，官至太尉。后来杨震因为官清廉，不接受馈赠，所以子孙过得很清贫，经常要以步代车，而且无肉可食。以前的朋友中有想为他们置些产业的，但杨震却不答应，说："让我的后代被人称为'清白吏'的子孙，把这个传给他们，不是很好吗？"杨震的子孙们受其言传身教，皆博学而清廉。

杨震的十四世孙杨坚建立了强盛一时的隋朝，更是把杨氏地位推到了巅峰。北宋杨家将也是杨震的后裔，精忠报国，抗辽卫国，一门五侯，名垂青史，可谓弘农杨氏的余晖。

4.太原王氏

太原王氏始祖太子晋,乃周灵王太子,名晋,字子乔,本姓姬。太子晋的儿子宗敬看到周室衰微,天下大乱,便避居太原。时人仍呼之为王家,遂以王为姓,成为太原王氏始祖,而尊太子晋为王姓始祖。宗敬的后裔,人才辈出,成为太原之著姓。其后子孙繁衍,遍布各地。太原成为王氏二十一郡望之首,且为王氏之总号。

十八世孙王翦公及其子王贲、其孙王离,祖孙三代都是秦朝名将。翦公为大将军,贲公封典武侯,离公称武陵侯。秦兼并六国、一统天下之时,翦公北征燕国,东平楚地,南下百越,攻无不克,战功显赫。始皇论功行

赏，翦公与大将蒙恬共执牛耳，王姓与蒙姓同居天下之先。始皇驾崩，二世胡亥继位，矫诏赐公子扶苏死，又夺蒙恬兵权，遂令王氏离公为大将军。二世胡作非为，横征暴敛，民不聊生，陈胜、吴广揭竿而起，刘邦、项羽起兵响应。离公率军与项羽战于巨鹿，离公兵败自殉。其长子元为避战乱，迁往山东琅玡，是为"琅玡王氏"。

5. 琅玡王氏

琅玡（今山东临沂）王氏为秦代名将王离之后。琅玡王氏是王姓显贵的代表，自三国到唐代七百年间，琅玡王氏世代鼎贵，天下第一，与陈郡谢氏并称"王谢"。琅玡王氏为东晋政权的稳固居功至伟，被称为"第一望族"。相传司马睿一度欲与之平分天下，朝中官员一度四分之三以上是王家的或者与王家相关的人，所谓"王与马，共天下""不以王为皇后，必以王为宰相"。

琅琊王氏在汉唐间担任宰相者共有一百零四人次，除那些因任相两朝而重复者外，实际有宰相共九十二人，这是古今中外所仅有的。因此"公侯世及，宰辅相因"，也就成为其家族特色。所以，南朝人沈约评价琅琊王氏说："从有氏族以来，没有一个氏族有王氏这么兴盛。"

历史上郭、何、桓、张、袁、杨等姓也有鼎贵一时的家族，但与琅琊王氏相比，都远远不及。琅玡王氏在历史上的地位和作用不仅在南朝以前没有任何家族能比，即使在隋

唐以后，也找不出第二个家族。著名的大书法家王羲之就出身于琅琊王氏。有盛必有衰，南梁侯景之乱时，琅琊王氏与陈郡谢氏一起因拒绝联姻而被侯景族灭，从此消失。

6. 陈郡谢氏

陈郡谢氏为中国古代东晋和南北朝时期的士族，出自陈郡阳夏（今河南太康县）。继琅玡王氏、高平郗氏、颍川庾氏及谯郡桓氏之后成为东晋的最后一个"当轴士族"。由宋至梁，一直为士族领袖，与琅玡王氏并称"王谢"。

陈郡谢氏起初只是一个普通士族，直到谢万出任官职，掌握了豫州之后，方才开始崛起，到谢安任相时期达到顶峰。

陈郡谢氏的主要功绩为淝水之战中以少胜多，保住了东晋。淝水之战后，谢氏子弟大多隐退，但仍旧保持了最高门第的地位不坠。自东晋至梁朝谢氏共有十二代一百余人见于史传，其门第之高，连皇帝有时也不得不借助于他们的影响力。

谢氏拥有大量资产，子弟也大多才华出众，被视为士族领袖前后两百余年。侯景之乱时，陈郡谢氏与琅琊王氏一起因拒绝联姻而被侯景族灭，从此消失。南北朝显赫一时的王谢两家没落后，唐代诗人刘禹锡曾在游金陵时发出感慨："旧时王谢堂前燕，飞入寻常百姓家。"可见当时王谢两家的郡望之

高。

7. 清河崔氏

崔姓起源于西周时期的齐国，齐国是西周初周武王分封的重要诸侯国之一，建都临淄（今山东淄博东北），开国君主吕尚。吕尚本姓姜，因其先祖被封于吕（今河南南阳西），从其封姓。吕尚的儿子丁公伋，是齐国的第二代国君，他的嫡子叫季子，本该继承君位，但却让位给弟弟叔乙（即乙公得），而自己则住到食采地崔邑（今山东章丘县西北），后以邑为氏，就是崔氏。

季子的后代一直是齐国的卿大夫，从汉代到宋代，官宦不绝。魏晋至唐初，按士族门第排姓氏，或称"崔、卢、王、谢"，或称"崔、卢、李、郑"，均把崔氏列为一等大姓。清河崔氏，一度与范阳卢氏、荥阳郑氏、太原王氏并称为四大族。南北朝时期的崔氏名人大都出自清河崔氏。而且崔姓曾任宰相者多达二十七人，地位显赫一时。

8. 荥阳郑氏

荥阳郑氏源自古郑国。春秋末郑国灭亡，公室子孙迁他地，但均将国名冠于

名字之前。此方式称为"以国为氏"，形成郑氏之姓。后世郑氏族人在荥阳大发展成为望族。东汉末年，以郑当时一脉的郑浑、郑泰等人为开始，逐渐发展为高门望族。南北朝时荥阳郑氏中高官累世不断，荥阳郑与清河崔氏、范阳卢氏、太原王氏并称为中国四大望族。唐以后荥阳郑氏连续出了九位宰相，其他尚书、侍郎、节度使等更多，声望达到鼎盛。其先贤或勤政于朝堂，或教化于州郡、或建功于边陲，都为社会经济文化作出贡献。

后因科举制的实行，影响逐渐衰落，但仍为天下郑氏中最为显赫的一支。

9．范阳卢氏

卢氏历史上自称来自范阳。

范阳卢氏在秦始皇时，有大名鼎鼎的五经博士卢敖、天文博士卢生。继之西汉初期有燕王卢绾，东汉末被尊称"士之楷模，国之桢韩"之海内儒宗之大儒卢植均出自范阳。及魏、晋、南北朝至隋，卢植之裔卢志、卢谌、

卢偃、卢邈、卢玄等，都是官宦世家，书香门第。从卢玄起至其曾孙，一家百口，共财同居，为官著名而被史传记载者就有十八人。帝族之子要找卢氏成亲，史称"范阳卢氏，一门三公主。"帝族也要纳范阳卢氏之女为贵妃。

到唐代卢氏尤为突出，不仅有状元、进士还有帝师，大出人才，有"初唐四杰"的卢照邻、"大历十才子"的卢编等。

自汉末至唐代六百多年中，正史中有记载的卢氏历史名人达八百四十多人。范阳卢氏，贤良辈出，勋业灿烂。乾隆皇帝因此写下"自古幽燕无双地，天下范阳第一州"的诗句。

10. 太原温氏

温氏之先出自姬姓。西周唐叔名虞，周成王之弟。周公灭唐(今山西翼城西)，把唐地封给他。其子燮继位，因南有晋水，改国号晋。之后晋公族受封于河内之温(今河南温县)，因此为温氏。后来温氏迁到太原，后裔遂以太原为郡号。

太原温氏家族的历代名人最为著名的是初唐温氏三杰：温大雅、温彦博、温大有兄弟三人。温氏三杰俱为卿相之才。高祖李渊镇太原，对他们特别优厚，李世民更是跟他们有很深的交情。温氏三兄弟辅佐李氏父子，西征南伐，立下了汗马功勋，为初唐开国名臣。温氏三杰的后人等多为唐朝的公侯守吏，其中温庭筠为唐末著名的"花间派"文学大师。

太原祁县温氏望族，人才辈出，数世昌盛，从汉代到宋代，代代有名吏贤士或才华横溢的诗画巨匠。温氏家族是皇家最宠幸、百姓百官争相攀附的门第之一。连唐文宗都感叹："李氏君临天下二百年，但想和皇家联姻的人竟然比想和王、温等望族联姻的人还少。"由此可见，温氏的社会地位丝毫不逊色于皇族李氏。

（二）姓氏的堂号

宋代堂号开始兴起。宋代一些有势力、有经济的家族开始编撰家谱、族谱来抬高自己家族的声望。由于这个时候距离汉魏已经近千年，即使追到门阀时代祖先的郡望，由于支系繁多，也不足以表明本宗族今天的地位。于是有必要在郡望之后，再加一个表明是哪个支系的称号，这就是堂号。

堂号的本意就是祠堂的名号。所谓

一族就是在一个宗庙里祭祀同一个始祖的一族人，宗庙后世称为祠堂，因此堂号也是这一族人的名号和标志。中国人是世界上最早有祖先崇拜传统的一个民族。在每个家族中，往往都有一个场所来供奉已去世的祖先的神主牌位，所以，旧时的每个家族都会有本家族的祠堂，并给它取一个堂号，目的是让子孙们每提起自家的堂号，就会知道本族的来源，记起祖先的功德。

一个家族给自己取一个堂号。既有说明本支系家族具体状况的涵义，也有标榜本家族的荣耀和地位的涵义。历来每个姓氏、每个宗族、每个家族，都有自己的堂号。堂号的历史悠久、应用广泛，在中国宗法社会中有非常重大的意义和作用。

从功能上说,堂号的意义主要在于区别姓氏、区分宗派、劝善惩恶、教育族人。如果说,郡望是高一级别的宗族寻根标志,那么堂号就是比郡望低一级的宗族标志。郡望往往可以作为堂号,但堂号却大都不能用作郡望。一个姓的堂号要比郡望多得多,一姓的郡望只有数个多至数十个,但堂号往往有数百甚至上千个之多。郡望在宋代以后就开始走向统一和固定,但堂号却随着宗族的发展,一直在不断地增加。

堂号是宗法社会的产物,在传统宗法社会中,它对于敦宗睦族,弘扬孝道,启迪后人,催人向

上，维护家庭、宗族和整个社会的稳定，都具有十分重大的作用。

依据各姓氏堂号的来历、特色，堂号可分为几大类型：

1.以血缘关系命名堂号

如著名的"六桂堂"，是闽粤一带洪、江、汪、龚、翁、方六个姓氏共同的一个堂号。据文献记载，这六个南方家族，虽然姓氏不同，但却是出自同一个祖先。他们共用一个堂号说明六姓同源。

2.以地域命名堂号

以地域命名的堂号最为普遍，也就是以郡望或自己家族长期生活的地名作为堂号。如前述之陇西李、太原王、琅玡王等皆是其例。此外，如陈氏

的"颍川堂"、徐氏的"东海堂"、欧阳氏的"渤海堂",以及呼延氏的"太原堂"、林氏的"西河堂"等,都是以地名为堂号。这实际是郡望的延伸。

3. 以先世的嘉言懿行为堂号

中国人向有慎终追远的美德,往往以先世祖宗的嘉言懿行深感自豪,往往以此命名堂号,千古流芳。如弘农杨氏"四知堂""清白堂"即是以东汉太尉杨震的美德作为堂号。据文献记载,杨震为

东莱太守时，道经昌邑，县令王密深夜求
见，以黄金十斤贿赂杨震。杨震严词拒绝
说："作为故人知交，我对您是了解的，而
您怎么对我的人品不了解呢？"王密说：
"我深夜而来，没人会知道这件事的。"
杨震回答说："此事天知、神知、我知、子
知，怎能说是无人知晓？"王密只好羞愧
而退。杨氏后代子孙为尊崇和怀念这位
拒腐蚀，不受贿的先祖杨震，便以"四知

堂""清白堂"为堂号。

而范氏"麦舟堂",则是来自北宋名臣范仲淹济危扶困的典故。有一次范仲淹让儿子纯仁到姑苏运麦,在路上遇见石曼卿无资葬亲,纯仁就把麦船赠送给石曼卿。纯仁回家后告知其父,深得范仲淹嘉许。故后世以此为典,以"麦舟堂"为堂号。

4. 以祖上的功业勋绩为堂号

各个姓氏在不同历史时期,都涌现

出一批功勋卓著、名垂青史的历史人物,后人往往以此作为堂号。如东汉名将马援因功绩封"伏波将军",马氏后人中有一支便以"伏波堂"为堂号。楚大夫屈原曾任三闾大夫,屈氏遂以"三闾堂"为堂号。郭子仪,因平安史之乱,被封

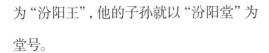

为"汾阳王",他的子孙就以"汾阳堂"为堂号。

5.以传统伦理规范为堂号

某个家族特别推崇某一传统的伦理道德规范,家族的长辈就用这一伦理观念的精华作为堂号,以劝诫训勉后代子孙。

比如唐代张公艺九世同堂,唐高宗祭祀泰山,经过张公艺的家,询问他何以能九世安然相处。张公艺在纸上连写一百个"忍"字,后来张氏家族就成为"百忍堂"。还有像李氏"敦伦堂"、朱氏"格言堂"、任氏"五知堂"、刘氏"重德堂"、郑氏"务本堂"、周氏"忠信堂"、蔡氏"克慎堂"、许氏"居廉堂"等,都体现了传统的伦理道

德观念。在各氏自立堂号中,十分普遍。

6. 以祖上情操雅量、高风亮节为堂号

如宋代著名理学家周敦颐, 品格高雅, 酷爱莲花出淤泥而不染的清高品格, 以所居之处为"爱莲堂"。其后人遂以此为堂号。晋代陶渊明因不肯为五斗米折腰, 遂辞官归里, 赋"归去来辞"以明其志。因陶渊明号五柳先生, 其后人以"五柳堂"为堂号。再如唐代大诗人李白, 自号"青莲居士", 李氏族人中遂以"青莲堂"为堂号。

7. 以祥瑞吉兆为堂号

古代人对祥符瑞兆十分重视, 常认为是上天预

示吉祥的征兆，往往以之为本族堂号。如宋代王祐曾手植三槐于庭院，言其子孙必有位居三公者（古代百官朝会，三公对槐树而立，故以三槐象征三公），其子王曰果然位列宰相，当政十余年，深为朝廷器重。其后人便以"三槐堂"为堂号，成为名人辈出的名门望族，与太原王氏、琅玡王氏并列为王氏三大支派。

8. 以先世名人的厅堂别墅为堂号

为表示对同姓先世名人的仰慕之情，各姓中以其厅堂，居处为堂号。唐代大诗人白居易，晚年隐居洛阳香山，号香山居士，其后人便以"香山堂"为堂号。

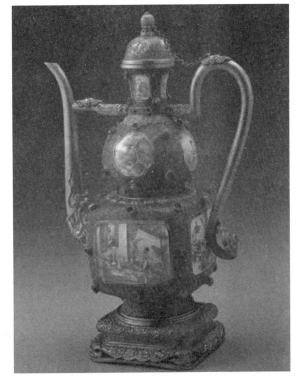

再如唐代宰相裴度，以宦官当权，时事已不可为，乃自请罢相，在洛阳午格创建别墅，起浩凉亭暑馆，植花木万株，绿荫如盖，名为"绿野堂"。裴氏一支遂有"绿野堂"之堂号。

9. 以家族中科举功名为堂号

在封建社会，一些名门望族人才辈出，科第连绵，为世人称羡，遂以之为堂

号。如唐代泉州人林披，有子九人，俱官居刺史（俗称州牧），门庭显赫，世人敬仰，这支林氏遂以"九牧堂"为其堂号。再如宋人临湘人徐伟事迹至孝，隐居教授于龙潭山中，有子八人，后皆知名，时称"徐氏八龙"，后人即以"八龙堂"为其堂号。

10. 以垂诫训勉后人的格言礼教为堂号

此类堂号在各姓氏自立堂号中较为普遍。如"承志堂""务本堂""孝思堂""孝义堂""世耕堂""笃信堂""敦伦堂""克勤堂"等。

11. 以良好祝愿为家族堂号

此类堂号也较为常见。如"安乐堂""安庆堂""绍先堂""垂裕

堂""启后堂"等。

12. 以封爵、谥号或旌表褒奖为堂号

此类堂号为历代朝廷或地方政府封赏、恩赐、旌表而来。如"忠武堂""忠敏堂""节孝堂""孝义堂"等。

"堂号"是家族门户的代称,是家族文化重要的组成部分。它产生的宗旨大致有三:一是彰扬祖先的功业道德,二是显示家族宗亲的特点,三是训诫子弟

继承发扬先祖之余烈。堂号包括郡王总堂号和自立堂号。由于历史文化习俗的影响，人们在谈到和自己同姓氏的历史名人时，往往流露出一种尊崇、自豪之情。

四、中华百家姓

(一)《百家姓》其书

　　《百家姓》是我国流行最长、流传最广的一种蒙学教材。它的成书和普及要早于《三字经 》。据南宋学者王明清考证，该书前几个 姓氏的排列是有讲究的：赵是指赵宋，既然是国君的姓理应为首；其次是钱姓，钱是五代十国中吴越国王的姓氏；孙为当时国王钱俶的正妃之姓；

李为南唐国王李氏。

《百家姓》在宋朝初期由一位钱塘(现今浙江省杭州市)不知名的儒家学者所编。它的排序没有严格按照姓氏人口数量来排列,采用四言体例,句句押韵,虽然它的内容没有文理,但读来顺口,易学好记,与《三字经》、《千字文》相配合,成为我国流行最长、流传最广的一种教材。

《百家姓》的第一句是"赵钱孙李",宋朝的皇氏姓"赵",五代十国时期吴越国的国王姓"钱","孙"是宋朝皇族妻妾的姓氏,"李"是南唐的统治者——李后主的姓氏。这就是《百家姓》的开场白——"赵钱孙李"次序的由来。

清朝后期又出现了另外一本有关百

家姓的书——《增广百家姓》，书中记录了四百四十四个单姓，六十个复姓。

现存的清朝版本的《百家姓》既有文字又有图画，每页上方除了记录历史名人的名字和其所属家族外，旁边还有他的图像；每页下半部是由四个字或姓氏组成的短句，读起来很像古时的四句诗词。

《百家姓》的成书和普及要早于《三字经》。作者将常见的姓氏编成四字一句的韵文，很像一首四言诗，虽然它的内容没有文理，但读来顺口，易学好记。它与《三字经》《千字文》相配合，成为我国古代蒙学中的固定教材，因此流传至今，影响极深。熟悉它，于古于今皆有裨益。

老《百家姓》本来收集了四百四十个姓。后增补至五百零四个，其中单姓四百四十四个，复姓

六十个。其前一百位的排序是：

赵钱孙李、周吴郑王、冯陈褚卫、蒋沈韩杨、朱秦尤许、何吕施张、孔曹严华、金魏陶姜、戚谢邹喻、柏水窦章、云苏潘葛、奚范彭郎、鲁韦昌马、苗凤花方、俞任袁柳、酆鲍史唐、费廉岑薛、雷贺倪汤、滕殷罗毕、郝邬安常、乐于时傅、皮卞齐康、伍余元卜、顾孟平黄、和穆萧尹。

（二）百家姓典故列举

1. 赵

《百家姓》为什么要拿"赵"姓来开头？据说，这是由于《百家姓》是在宋朝所编，而宋朝的皇帝姓赵，当时正是赵家的天下，为了表示对皇帝的尊敬，顺理成章地就拿"赵"来作为众姓之首了。

根据《姓纂》记载，最初以赵为姓的人，是颛顼帝的子孙造父，他以善于驾驭，于周穆王的时候，得到了赵城这个地方为封地，就以封地的名称作为自己家族之姓，而世代相传下来。当时的赵城，现在的位置大致是在山西省赵城县西南。后来，这个家族曾繁衍到天水（今甘肃省）、南阳（今河南）、金城（今甘肃）、下邳（今江苏）、颖川（今河南）一带。

这个家族从一开始便十分显赫，在春秋时代，自从赵衰辅佐晋文公定霸，赵氏子孙就世代为晋国的大夫，权倾朝野。到了春秋末期，也就是周威烈王的时候，赵家的权势更大，进一步与同为大夫的韩家和魏家瓜分了晋国，而分别自立为一个诸侯，这就是历史上所谓的"三家分晋"。后来，赵国的国势越来越强，成为战国七雄之一，其都城设在晋阳。由此可见，现在所有姓赵的人，最早都是山西人，后来才逐渐移居他处。

在历史上，姓赵的人名人辈出。早期最负盛名的，是战国时代的平原君赵胜。

再如，在汉朝建立了屯田制度的营平侯赵充国；唐代被大文豪韩愈聘为士子师的"天水先生"赵德；到了宋代，黄袍加身的赵匡胤，那是更不必说了；还有以半部《论语》治天下的宋朝名相赵普；以及元代鼎鼎大名的大书画家赵孟頫等，都是足以使赵氏子孙引以自傲的伟大历史人物。

2. 钱姓

"钱"姓原来真的跟钱有关系。《通志氏族略》上面记载，周代的钱府上士，是一种官名，专管朝廷的钱币，结果颛顼

帝的一位叫做孚的后代当了这个官后，就干脆拿官名当做自己的姓。这就是钱姓的由来，也说明了姓钱的人之所以姓钱，的确是跟金钱有一段渊源。

根据《通志》的这段记载，后人还可以发现这样一段渊源：原来，姓钱的老祖宗孚，是彭祖的直系孙子，钱、彭原是一家人，所以有些地方，这两姓是不准联婚的。姓钱的人，最早都聚居在下邳一带，

下邳即现在江苏徐州的附近，而徐州古称彭城，两地非常接近，更为钱、彭两姓间的密切关系提供了有力的说明。不过，后来姓钱的人都逐渐南迁，所以时至今日，江南的吴兴、武进一带，也有许多姓钱的人。

历史上，姓钱的人虽然在政治方面未曾扮演过轰轰烈烈的角色，然而，他们之中却文人才子辈出，跟他们姓氏的字义截然不同。

最早出现在史书上的，是钱丹和钱产两个人，他们都是战国时代人，钱丹是著名的隐士，钱产则是秦国的御史大夫。

到了唐朝天宝年间，江苏吴兴的钱家，出了一名大才子钱起，曾被誉为"大历十才子"之一。钱起博学多才，他的诗做得尤其好，一句"曲终人不见，江山数峰青"赴举时被主考官认为有如神助，多年来更是脍炙人口。

在政坛上，姓钱的人虽然未曾扮演过主要的角色，但在五代的时候，出过一位十分显赫的人物，那就是当时吴越的

开国之主钱镠。他是浙江杭州人，国都就设在杭州。钱镠是一位传奇人物，江南民间有许多关于他的传说：说他自小与群儿游戏，就懂得把大家编起队来操练；长大后不务正业，贩盐为盗，却为相士惊为"真贵人也"。他的成功，果然不凡，不但在兵荒马乱的当世，能成为一方之主，而他的后代，也四世为唐朝的节度使，威震一方，真可以说是相当显赫。

3. 孙

孙姓在历史上伟人名士辈出。这个著名的姓氏，根据《姓纂》的记载，其最早的祖先是周文王。周文王的第八个儿子康叔，就被封于卫。传到卫武公的时候，武公的儿子惠孙做了卫国的上卿，惠孙的这一支，就拿孙字当作了他们的姓氏。当时的卫国，就是现在山西太原一带。《姓纂》的这一段考据，已被后世所认同——孙姓的祖先可以远溯到3000多年前的周文王。

不过，到了汉唐之际，却又有人提出了许多不同的说法。对于孙氏姓源的考据，众说纷纭，现在孙姓之人想要追溯血缘上的正确出处，也就较为费事了。

在历史上不计其数的孙姓名人中，孙阳可能要算是最早在史书上出现的一

位。孙阳这个名称，大家也许比较陌生，但是如果提起"伯乐"，大家一定熟悉万分了。孙阳是春秋秦穆公时的人，伯乐是他的字，以善于相马闻名，后世也就以"伯乐"两个字来表示一个人的知人之明。

其次，便是鼎鼎大名、被全世界军事学家奉为军学泰斗的孙武了，他所著的《兵法十三篇》，一直到今天，都被奉为军事上的最高法则。孙武的后代，也出了一位以兵法见长的著名人物——孙膑。

历代孙姓名人的事迹，却没有一位是可以比得上孙中山先生的，他对国家民族的贡献，每一个中国人都将铭记。大家都公认他的丰功伟绩，这在中国过去的历史中，无人能及。孙姓人的杰出与卓越，真是在他的身上登峰造极了。

4．李

根据《姓纂》的记载，李姓是颛顼帝高阳氏的直系后裔。颛顼生了大业，大业生了女华。女华的儿子咎繇当了尧帝的理官。理官是一种相当于现代法官的官职，专掌狱讼推断之事。当时，社会上盛行着以官为姓的风气，于是，咎繇也不能免俗地以"理"为姓。

这个姓氏传到了殷代暴君纣王的时候，他们的家长理徵因事得罪于纣，立刻使整个家族大难临头。理徵有一个儿子叫做利贞的，就逃到伊侯之墟避难，废墟中无以为食，最后才找到一种长在树上的"木子"充饥，而保住了性命。因此，当利贞脱难后，就变姓为"李"，一方面逃避暴君的追缉，一方面也对曾经救了一己之命的"木子"表达了感谢

之意。据后世考据，当时利贞所食之"木子"，就是李树的果实。

到了北魏和唐朝时期，李姓的组成分子就变得越来越复杂，不但有外族加入，连许多其他的姓氏，也因功被皇帝赐姓而改姓李。于是，李姓在血缘上已不再单纯。

李姓在日益庞大之后，大体上分成了两大支系，一支在陇西（今甘肃省），一支在赵郡（今河北省）。根据朱彝尊李氏族谱序的记载，建立唐朝的李渊这一家人，是来自陇西，盛唐之后本支日繁，一共有三十九房。赵郡的那一支系，又分为东南西三个组，族人非常之多，在河北一带，人数多过当地的望族张、王、刘、赵诸姓。

也许是由于族大人众的缘故，李氏在历史上的名人，真是多得不胜枚举。从著道德经的李耳开始，到早期的抵抗匈奴名将李牧、在四川凿都江堰以灌溉诸郡的水利工程学鼻祖李冰、汉代名将李广以及以一篇"陈情表"迄今仍脍炙人口的晋朝太子洗马李密等，都是人人耳熟能详的杰出历史人物。

唐朝是历史上声威最为远播的一个朝代。对外则四夷来贡，唐太宗被四夷尊称为天可汗；对内则政治修明，文教发扬，人民皆能安居乐业。贞观、开元之治名垂史册。像这样一个具有辉煌功绩的政府，正是由姓李的人主持的，这岂不是李氏的共同殊荣。

5. 周

周文王、周武王这一家人究竟是不是现在姓周的最早祖先？周朝与周姓之间又有什么连带关系？

根据《姓纂》的记载，原本姓姬的周文王，当初也跟其他有封邑的人一样，拿封地的名称当作自己的姓氏，而世代沿用下来。由此，可以获得这样的结论：周文王是周姓的鼻祖，周姓人的血

缘，可以追溯到远古的黄帝轩辕氏。

周姓的最初发源之地，应该是在陕西，以后才逐渐繁衍到其他地方去的。周姓的繁衍，应该是自西而东，也就是从陕西逐渐地迁移到河南。

以周文王父子为周氏的始祖，是历来被普遍采信的说法。不过，周姓之见诸史书，并不始自周文王，早在黄帝的时候，就有过周姓的出现。据《姓氏考略》的记载，黄帝有一位大将叫做周昌，商代也有一名太史叫做周任。这两个人的后代都以周为姓，分散在汝南、庐江、浔阳、临川、陈留、沛国、泰山、河南等地。这段记载，指出周氏的姓源不仅为周文王的一脉，而且提供了一个可贵的事实——周姓是具有悠久历史的一个汉族姓氏。

"文王之治"，是传统上的一个政治崇高境界，所以周文王不但被公认为周姓汉族的始祖，更是五千年中华文化的代表人物。他对历史的影响之大，真可以说是无与伦比。这正是数千年来每一位周姓人的共同荣耀。

6. 吴

江南在古时属于吴国的范围。而吴国，正是吴姓人的发源地。古代的吴国，位置是在现今江苏省无锡县一带。周初，是泰伯的封地，传到十九世孙寿梦的时候才开始称王，国势也日益壮大，国境一直伸延到浙江省嘉湖一带。历史上著名的"卧薪尝胆"故事中，最后被矢志雪耻复国的越王勾践所消灭的吴王夫差，就是泰伯

的后裔。

根据《通志氏族略》的记载："泰伯封于吴,子孙以国为姓。"由此可见,吴姓的始祖,是周代的泰伯。

发源于苏、浙一带的吴氏,后来很快地繁衍到邻近的齐鲁之间(今山东省)。根据《姓纂》的说法,山东吴姓汉人,大多是寿梦的第四子吴季札的后代。吴季札也是一位备受史家称道的贤者。

来看看吴姓的历史名人。唐朝时代吴道子,号称画圣,初授瑕丘尉。明皇知其名,召入内供奉,为内教博士,尝于大同殿图嘉陵江三省百余里山水,一日而毕,所画景云寺地狱变相,见之而惧罪改业者,往往有之，又善画佛像。清朝有吴敬梓，全椒人，字敏轩，精于文选，诗赋援笔立就，性豪爽，好施与，以此倾其资，著《儒林外史》说部，人争传写，诗文有《文木山房集》等。

7. 郑

根据《姓纂》的记载，郑之得姓，是开始于周厉王最小的儿子友。周宣王即位以后，把幼弟友封在郑地即郑桓公。后来，郑桓公的子孙以国为姓，从此就开始有了"郑"姓。当时的郑地，就在现在河南郑县一带。现在河南还有一个新郑县，根据考据，这也是一个因郑姓而得名的地方。

这个由周朝王室所分支出来的郑国，虽然在战国时被韩所灭，子孙流离分散于河南境内各地。但是，到了汉唐之后，却大放光芒，为中华文化平添不少光彩。

历史上专治经学的学者中，有十分著名的"二郑"，指的是郑众和郑玄，而以郑玄所享的名气为盛。郑玄是东汉人，一生沉浸诸经，所注之经书有易、诗、书、礼、礼仪、论语、孝经、尚书大传等，是一位名实相符的大学者，不但在兵荒马乱的东汉末年享有盛名，就是在现在，也备受后人的敬仰。

8.王

在历史上，王氏成为显赫的家族，是开始于晋朝的王导。他辅佐晋元帝渡江，在建业（今南京）建立了东晋，并且接连做了元帝、明

帝、成帝三代的丞相。他的子孙，也世代富贵，于是，他们这一家族，自然门第越来越高，最后演变成"合望族者，辄推王、谢"了。

也许是因为名望太高了，所以历来对于王氏的姓源，有许许多多的说法。据《通志氏族略》的记载，姓王的人，并不是一个来源传下来

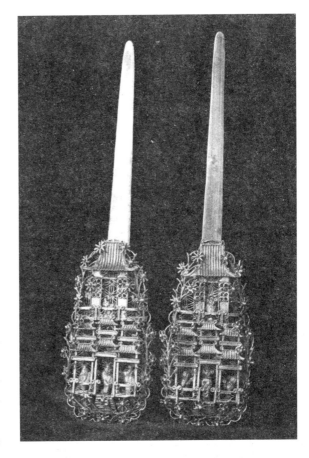

的，以汉族来说，有的是周文王的后代，有的是虞舜的子孙，有的则是殷商比干的后代。这种情形，已经是够复杂的了，后来不但许多外族不约而同地改姓了这个汉姓，而且还有一些人也被赐姓为王，譬如，《汉书》上就曾提出，燕王丹之玄孙

嘉,曾被王莽赐姓王氏;来自西域胡支氏的王世充也冒姓王。这么一来,姓王的人想要从姓氏上去追溯自己的血统,就几乎是不可能的事了。

王氏的姓源那么多,但是仍以出自周文王的那一支名气最大。根据考据,使王氏成为望族的晋朝中兴名臣王导,就是这一支在山东繁衍的子孙。

历史上王姓名人很多,比如东晋王羲之,是"王谢"中王家的代表人物,世称"王右军"。他是书法大家,擅长楷书,是中国书法界的大师。还有王安石,是中国历史上著名的改革家、文学家，是唐宋八大家之一，在北宋推行轰轰烈烈的变法运动。还有王阳明、王夫之、王国维等。

9. 冯

根据《姓纂》的记载，冯姓也是周文王之后，他们的老祖先，可以远远追溯到周文王的第十五个儿子毕公高。毕公高的后代毕万封在魏地，毕万有个孙子食采冯城，于是，这一支子孙就以采邑的名称为姓，以后统统都姓冯了。

在春秋战国时期，冯姓虽然有好几位深具才华的人见诸史书，但是跟其他

同样出自周文王的大姓比较起来，在事功上还是多少有点逊色。至少，在当时熙熙攘攘的群雄并立局面中，姓冯的人就似乎未曾扮演过独当一面的重要角色。

然而，这个姓氏却繁衍得很快，到了汉唐时期，就从原来发源的陕西，到了河南、河北、山西、乃至福建等地。冯姓的子孙在迁到这些地方以后，竟然青出于蓝，纷纷有了十分优异的表现，为他们不甚得意的老祖先，大大地扬眉吐气。

现在，冯姓的派别相当多，根据《姓氏考略》的记载，大致如下：

出于颍川（河南省）的冯氏，是东汉光武帝的征西大将军冯异的后代。冯异就是著名的"大树将军"，曾经为光武帝平赤眉，击匈奴，军功彪炳，后来被封为阳夏

侯。

上党（山西省）的冯氏，则系汉代左将军冯奉世的后代。冯奉世也是一位威震诸夷的大将，汉宣帝时，曾经出使西域各国，接连击败了莎车等国，后来又以破羌之功，被封为关内侯。

别外，福建长乐的冯姓，是宜都侯冯参的后代；京兆的冯氏，是燕王冯宏的后代；出自弘农（河南省）者，是西魏宁州刺史冯宁之后；出自河间（河北省）者，则为唐监察御史冯师古的后代。

历史上知名的冯姓人物中，有一位比较为人熟悉的冯道。他是五代的人，曾经接连做了唐、晋、汉、周诸朝的宰相，不能

不算是显赫万分，然而，他那种不把丧君亡国之耻放在心上的行径，却为后人所鄙视。不过，如果仅从才华上来讲，冯道倒不失为一代能士。

10. 陈

根据《姓纂》的记载，陈姓最早出自为妫姓，也就是大舜的后代。陈，最初是一个地方，本来是太昊之墟（画八卦之所）。周武王的时候，把这个地方封给了舜的后裔妫满，还把女儿太姬嫁给他，称为胡公。后来，他的十世孙妫完，因故奔齐，才开始以国为氏，创造了"陈"这个姓氏。当时，胡公满所拥有的陈地，大致是现在河南开封以东，至安徽亳县以北，都城宛丘，即现在的河南淮阳县。这块地方应该是陈姓汉族的最早发源地。

陈姓，至少有来源不同的四群——
舜帝的后裔、白永贵的后裔、刘矫的后裔
以及突厥族的侯莫陈氏的后裔。这四支
陈姓"人马"，经过数千年的繁衍，已经遍
布及世界的每一个角落。不过，其中要以
颍川、汝南（今河南省）、下邳、广陵（今
江苏）、东海（今山东东南部与江苏交界
处）等地的陈氏，最为族大支繁。

历史上第一个陈姓名人是陈胜。他

是秦末农民起义领袖。陈胜字涉，阳城(今河南商水西南)人，早年为人佣耕。秦二世元年七月，与吴广在大泽乡(今安徽宿县东南)发动戍卒起义，提出"大楚兴，陈胜王"的口号。陈胜自立为将军。当义军进据陈县(今河南淮阳)时自立为王，国号张楚。

还有著名文学家陈子昂。于诗标举

汉魏风骨，是唐诗革新的前驱者，对唐代
诗歌影响巨大。

　　以上是百家姓前十个姓氏的典故，
通过这可以看出中国姓氏的繁杂。通过
这些例子可以窥一斑而知全豹，对中国
的姓氏可以有更深刻的理解。